MW00964912

La rana Alfredo

Escrito por Janie Spaht Gill, Ph.D.
Ilustrado por Bob Reese

꒭ Dominie Press, Inc.

La rana Alfredo croó,
y sobre un tronco saltó.

El tronco se hundió,
y a la orilla saltó.

5

En la orilla resbaló,

y sobre el jeep saltó.

El conductor se apuró,

y a la hierba se tiró.

La hierba era verde oscuro,
y se tiró al muro.

El muro era de piedras bonitas,
y se tiró sobre una ramita.

La ramita estaba al frente,
y se metió en un toldo con gente.

El toldo era redondo,

y saltó sobre el payaso Hernando.

El payaso mostró la frente,
y saltó sobre la gente.

19

Toda la gente huyó,

y Alfredo se quedó.

La rana Alfredo

- Haga un recuento de la historia mediante un drama. Cada niño podría dibujar una rana en una hoja de papel construcción, pintarla color verde, recortarla y pegarla a un palito de helado. La clase podría practicar la secuencia de la historia saltando a los varios lugares y eventos mencionados en la historia.

- Aproveche la oportunidad para explicar las etapas de la vida de una rana: huevo, renacuajo y rana adulta. También podría mencionar la metamorfosis de una oruga a mariposa: huevo, larva, pupa y mariposa adulta.

- Recree la secuencia de la historia haciendo una "tira delgadita". Ésta es una tira de papel de máquina de sumar de unos tres pies de largo. Los niños la dividen en tantas secciones como hay eventos en el libro, más una. (En este caso, hay diez eventos.) La primera sección es para el título, el autor, y el nombre de un niño mencionado como ilustrador. Pida a los niños hacer una ilustración en cada sección, recontando la secuencia de la historia.

- Haga la telaraña de la historia. Comience colocando la palabra *rana* en el centro de un círculo. Entonces trace líneas que salen del círculo en las que se escriben eventos. La apariencia general es parecida a la del sol con sus rayos de luz radiando en todas direcciones.

Acerca de la Autora

La Dra. Janie Spaht Gill aporta a la escritura de sus libros para niños, veinticinco años de experiencia como maestra. Durante su carrera hasta el momento, ha sido maestra en todos los niveles, desde kínder hasta la universidad. Janie Gill tiene un doctorado en educación de lectura, con especialización secundaria en escritura creativa. Actualmente reside en Lafayette, Louisiana, con su esposo, Richard. Sus temas frescos y humorosos son inspirados por cosas que dicen los estudiantes en sus lecciones. Gill fue nombrada Maestra del Año en Educación Primaria de Louisiana 1999–2000, por su sobresaliente labor en la educación de los niños del estado.

Director General: Raymond Yuen
Consultora Editorial: Adria F. Klein
Editor Ejecutivo: Carlos A. Byfield
Diseñadora: Natalie Chupil
Ilustrador: Bob Reese

© Dominie Press, Inc. 2003. Derechos reservados. La reproducción o transmisión total o parcial de esta obra, sea por medio electrónico, mecánico, fotocopia, cinta magnetofónica u otro sin el consentimiento expreso de los propietarios del copyright está prohibida al amparo de la legislación de derechos de autor.

Publicado por:

🐚 Dominie Press, Inc.

(800) 232-4570

Cubierta de cartón ISBN 0-7685-2885-2

10   18

Impreso en México.